Speed Reading

Wie Sie mit Speed Reading sofort Ihre Lesegeschwindigkeit verdoppeln, schneller lesen und verstehen werden

Inhaltsverzeichnis

Die Leseumgebung optimieren

Fazit: Das ermöglicht Ihnen Speed Reading

Einleitung

In der heutigen Zeit ist der Mensch mehr denn je gefordert, Wissen schnell aufzunehmen und zu verarbeiten. Die meisten Informationen werden dabei über das Lesen aufgenommen. Ob privat, im Beruf oder im Studium – die Anforderungen steigen.

Das Speed-Reading eignet sich nicht nur für Schüler und Studenten, die einen Berg an Literatur abarbeiten müssen, sondern für Berufstätige, die viele Informationen aufnehmen müssen. Da kann der Spaß am Lesen schnell vergehen, insbesondere dann, wenn die Zeit drängt. Ist der Berg an Literatur bewältigt, heißt es nicht selten: Eine Etage zurück! Was stand noch einmal im letzten Kapitel? Während Sie sich erneut in die Materie vertiefen, wächst ein weiterer Stapel Literatur an und Sie drohen abzustürzen. Das nächste Seminar oder eine wichtige Konferenz stehen an und Sie wissen nicht, wie Sie die Informationen in der kurzen Zeit aufnehmen sollen. Kaffee oder ein Energy-Drinks sind hier keine richtige Hilfe – Sie werden hektisch und ärgerlich, weil Sie am Wochenende arbeiten müssen, während andere entspannen können.

Auch im privaten Rahmen ist die Schnell-Lesetechnik von Vorteil. Wie viele Romane liegen ungelesen in den Regalen, weil Sie einfach nicht die Zeit zum Lesen finden? Effizientes und schnelles Lesen wäre hier das perfekte Seil, mit dem Sie den Berg an Literatur in kurzer Zeit bewältigen können. Die Vorteile liegen auf der Hand: Mit dem Speed-Reading können Sie Wissen in einer kurzen Zeit aufnehmen und verarbeiten.

Was ist Speed-Reading?

Speed-Reading ist kein Hexenwerk, sondern eine Methode, die jeder erlernen kann. Das Geheimnis des Schnell-Lesens liegt in dem Ablegen von erlernten Lesegewohnheiten. Sie lernen das Lesen neu, indem Sie Techniken kennen lernen, mit denen Sie Ihre Lesegeschwindigkeit verdoppeln.

Das Speed-Reading bietet noch weitere Vorteile: Beim Lesen müssen Sie Ihre Konzentrationsfähigkeit erhöhen. Nach einer gewissen Zeit fällt es Ihnen immer schwerer, sich auf den Text zu konzentrieren. Sie werden müde und die Gedanken schweifen ab und Sie können sich kaum noch erinnern, was Sie eigentlich gelesen haben. Beim Speed-Reading wird nicht nur die Lesegeschwindigkeit erhöht, sondern auch die Aufnahme- und Konzentrationsfähigkeit.

Geschwindigkeit und Effizienz steigern? Geht das überhaupt? Gehen nicht Informationen verloren, wenn Sie einen Text überfliegen? Können Sie sämtliche Informationen aufnehmen und behalten? Es funktioniert, denn Schnell-Lesen ist nicht zu verwechseln mit Querlesen.

Schlechte Angewohnheiten erkennen

Angesichts der Vorteile des Speed-Readings stellt sich die Frage, weshalb Sie diese Fähigkeiten nicht bereits erlernt haben oder beherrschen? Die Antwort ist einfach: Sie haben einen „Lesefehler", den Sie sich während Ihrer Schulzeit angeeignet haben.

Ein gravierender Lesefehler ist der „Vorleser im Kopf". In der Grundschule haben Sie Buchstabe für Buchstabe gelesen und zu einem Wort geformt und das Wort laut gesprochen. Das laute oder innere Mitsprechen ist für Anfänger hilfreich, aber nicht, wenn Sie bereits lesen können. Das Mitlesen verringert die Aufnahmefähigkeit beträchtlich und setzt die Lesegeschwindigkeit herab.

Die zweite schlechte Angewohnheit ist das

Zurückspringen im Text. Sie werden es sicherlich kennen: Sie lesen einen Text, Ihre Aufmerksamkeit sinkt und schon haben Sie den roten Faden verloren. Sie springen zurück, um ihn wieder aufzunehmen, haben aber Schwierigkeiten, ihn zu finden. Permanentes Zurückspringen reduziert die Aufnahme- und Konzentrationsfähigkeit enorm. Anstatt den roten Faden aufnehmen, machen Sie einen Knoten hinein und verlieren Zeit.

Haben Sie sich überfordert? Keineswegs, denn Ihr Gehirn ist nicht ausgelastet! Die grauen Zellen langweilen sich. Ihr Gehirn ist zu weit größeren Leistungen fähig, als Sie glauben. Es muss nur mehr gefordert werden, damit es nicht in andere Gedankenwelten abschweift.

Ein weiterer Irrglaube besteht darin, Sie

müssten den Blickwinkel einschränken und Wort für Wort fokussieren. Der geübte Leser hingegen verfügt über ein breites Sehfeld und liest nicht jedes Wort, sondern erfasst die Bedeutung in Sinngruppen. Auf den Punkt gebracht: Mit dem Speed-Reading legen Sie alle schlechten Angewohnheiten ab, die Sie sich in der Schule angeeignet haben.

Bevor Sie sich in das Abenteuer Speed-Reading stürzen, sollten Sie ermitteln, wie schnell Sie lesen. Die Lesegeschwindigkeit wird in Wörtern pro Minute (WpM) gemessen. Damit haben Sie auch eine Erfolgskontrolle, denn so können Sie Ihre Fortschritte messen.

Kleiner Tipp: Drucken Sie einen Text aus. Nehmen Sie eine Stoppuhr, zum Beispiel die von Ihrem Smartphone und markieren Sie nach einer Minute die Stelle, bis zu der Sie gekommen sind. Anstatt die Wörter mühselig zu zählen, markieren Sie diese in Ihrem Textverarbeitungsprogramm und lassen Sie sich die Anzahl der Wörter anzeigen. Notieren Sie sich diese Wortanzahl.

Lektion 1: Vermeiden Sie Rücksprünge

In der ersten Lektion werden Sie lernen, das Zurückspringen im Text zu vermeiden. Rücksprünge geschehen unbewusst. Ein Leser macht dann Rücksprünge, wenn er glaubt, den Text nicht verstanden zu haben. Das Zurückspringen im Text, ob bewusst oder unbewusst, trägt in der Regel nicht zum besseren Verständnis eines Textes bei und kostet Zeit – und die soll beim Speed-Reading eingespart werden.

Rücksprünge sind nicht zu unterschätzen. Wenn Sie Wort für Wort lesen und zurückspringen, dann ist es ein müßiges Unterfangen, bis die Informationen Ihre grauen Zellen erreicht haben. Auch wenn es sich nur um Sekunden handelt, die Sie in einer Zeile verlieren, summieren sich die Zeiteinheiten bei dicken Wälzern auf Stunden.

Das ineffektive Springen im Text beruht auf einer Unsicherheit, beziehungsweise auf falschen Annahme, dass der Text nicht verstanden wurde. Hier spielt Ihnen Ihr Unterbewusstsein einen Streich, denn es redet Ihnen ein, beim Überfliegen eines Textes nicht alles verstehen zu können. Das ist ein Irrglaube. Geben Sie sich eine Chance! Der Sinn eines Textes erschließt sich oft erst im Zusammenhang.

Damit Sie das Zurückspringen in den Griff bekommen, werden Sie keine alte Gewohnheit ablegen, sondern diese wieder aufleben lassen. In Ihrer Schulzeit haben Sie als Unterstützung Ihren Finger eingesetzt, der Sie von Wort zu Wort geführt hat.

Diese Lesehilfe soll wieder aktiviert werden.

Sie verwenden dabei aber nicht Ihren Zeigefinger, sondern eine mechanische Lesehilfe wie Bleistift oder ein ähnliches Instrument.

Übung zu Lektion 1

Gehen Sie dabei wie folgt vor:
Lesen Sie nachfolgenden Text. Wundern Sie sich nicht, wenn Ihnen der Inhalt etwas kryptisch erscheint. Auch wenn es sich um eine banale Übung handelt, ist es doch eine wichtige Grundlage für das Erlernen des Speed-Readings. In dieser Übung geht es lediglich darum, Rücksprünge zu unterbinden. Sie lernen, ihre Lesehilfe im Auge zu behalten. Sobald Sie den Kontakt zur Lesehilfe verlieren, stoppen Sie kurz und setzen erneut an.

Lorem ipsum dolor sit amet, consectetuer adipiscing elit, sed diam non nummae nihi eus is mod tincidunt ut lavoret dolore magna aliquam erat volutpat. Ut wisi enim ad minim veniam, quis nostrum exercitation. Duis autem velosi eum iriure.Dolor in hendrerit in vulputate velit esse molestie consequat, vel illum dolore eu fugiat nulla facilisis at vero eros et accumsan et iusto odio dignissim qui blandit praesent luptatum zeril delenit augue duis dolore fugit facilisi. Lorem ipsum dolor sit amet, consectetuer adipiscing elit. Lorem ipsum dolor sit amet ut wisi enim ad minim veniam, quis nostrum exercitation.

Wenn Sie ab und an den Blickkontakt verloren haben und Ihnen die Lesehilfe vorausgeeilt ist oder zu langsam war, dann befinden Sie sich in bester Gesellschaft. Das Halten des Blickkontaktes muss geübt werden.

Lesen Sie den Text erneut, bis es Ihnen gelingt, entspannt über die Zeilen zu gleiten und Ihre Zeigehilfe die Führung übernimmt. Achten Sie darauf, dass Augen und Lesehilfe synchron laufen.

Üben Sie so lange, bis Sie das Lesen mit der Lesehilfe verinnerlicht haben.

Lektion 2: Der Vorleser in Ihrem Kopf

Wenn Sie die vorangegangene Übung gut bewältigt haben, dann können Sie zu einem Text mit „richtigem“ Inhalt wechseln. Die Lesehilfe hilft Ihnen nicht nur beim Fixieren, sondern sie weist auch den Vorleser – also das laute, innere Vorlesen - in Ihrem Kopf in seine Schranken. Das Zurückspringen schränkt die Lesegeschwindigkeit enorm ein und vermindert die Konzentrationsfähigkeit, denn die Information gelangt nicht direkt zu den grauen Zellen. Bevor der Sinn eines Textes das Gehirn erreicht, muss er erst in Gedanken oder mit dem Mund formuliert werden. Anschließend muss Ihr Ohr das Gesprochene aufnehmen. Dabei hat Ihr Gehirn eine Menge zu tun, denn es muss Informationen durch viele Kanäle schleusen, wie Augen, Mund und Ohren. Wenn Sie ein Wort erst in Sprache übersetzen und dann reagieren, geht wertvolle Zeit verloren.

Mitunter ist Ihnen der Vorleser im Kopf bereits so vertraut, dass Sie ihn gar nicht mehr wahrnehmen, oder er hat es sich in Ihrem Kopf gemütlich gemacht und lässt sich nicht so schnell vor die Tür setzen. Von wegen! Sie können auch ohne ihn. Hier ein kleines Beispiel: Beim Autofahren halten Sie automatisch vor einem Stoppschild und lassen sich das Schild nicht erst vorlesen. Bei einem Stoppzeichen reagieren Sie sofort, weil Ihnen das Signal bekannt ist.

Beim Lesen eines Textes verhält es sich nicht anders. Sie lesen nicht Buchstabe für Buchstabe, sondern erfassen das Wort als Ganzes. Je geübter Sie sind, desto größer ist Ihre Fähigkeit, die Wörter zu erfassen und den Sinngehalt eines Wortes oder Textes zu begreifen.

Dazu ein kleiner Test: Lesen Sie den folgenden Abschnitt.

Wnen der esrte und der lettze Baustchbe an der richgtien Stlele ist, knan ein Wrot geeslen wedren.

Wenn der erste und der letzte Buchstabe an der richtigen Stelle ist, kann ein Wort gelesen werden.

Sie können den Sinn eines Wortes auch in einer Buchstabensuppe erfassen, weil Sie das Wort bereits kennen. Wie ist dieses Phänomen zu erklären? Haben Sie sich in der Schule umsonst mit dem Lesen herumgeschlagen, wenn es doch gleich ist, wie die Buchstaben angeordnet sind? Keineswegs – denn damals mussten Sie die Worte lernen. Heute müssen Sie das nicht mehr, da Sie den Sinn der Worte verstehen.

Die Rechnung ist ganz einfach: Je mehr Sie lesen, desto vertrauter werden Ihnen die Worte. Je vertrauter die Worte, desto schneller und mehr können Sie lesen...

Übung zu Lektion 2

Nun genug der Theorie, schreiten Sie zur Praxis. Nehmen Sie Ihre Lesehilfe und lesen Sie einen Text in Intervallen von zehn Minuten. Halten Sie dabei Ihre Führungshilfe im Blick. Allein die Konzentration auf diese Zeigespitze wird Ihren Vorleser im Zaum halten. Versuchen Sie dabei, das Zurückspringen bewusst zu unterbinden.

Noch ein Tipp: Wenn sich der Vorleser im Kopf als sehr hartnäckig erweist und Wort für Wort vorliest, dann können Sie zu Beginn der Übung „grummeln“ oder Silben aufsagen wie

„dabadum … dibdib". Damit unterbinden Sie das Ausformulieren und Sie lernen, einen Text ohne den Vorleser zu erfassen.

Lektion 3: Anschläge erhöhen

Eine weitere schlechte Angewohnheit ist das langsame Lesen - beim Speed-Reading geht es darum, das langsame Lesen in schnelles Lesen umzuwandeln. Da Sie beim Lesen in der Schule gelernt haben, langsam zu lesen und Wort für Wort aufzunehmen, hat sich die Gewohnheit der Langsamkeit eingeschlichen. Nicht zu vergessen, Ihr Unterbewusstsein, dass Ihnen partout einreden möchte, Ihnen würden wichtige Informationen entgehen, wenn Sie beim Lesen wie ein Rennfahrer über die Zeilen flitzen. Das ist keineswegs der Fall. Sie erfassen einen Text nicht, in dem Sie Wort für Wort lesen. Ihr Gehirn erfasst einen Text in Einheiten, die in einem Kontext stehen. Ein Text wird nicht Wort für Wort, sondern im Ganzen erfasst.

Der Inhalt eines Textes ist leichter zu

verstehen, wenn die Informationen kompakt nebeneinander stehen. Ein Text mit kurzen Sätzen, bei dem die Informationen auf den Punkt gebracht werden, kann leichter aufgenommen werden als ein Text, dessen Sinnzusammenhänge auf mehrere Passagen verstreut sind. Wenn sich der Sinn eines Textes erst nach dem Lesen einer ganzen Seite erschließt, dauert es eine Weile, bis Sie den Inhalt aufgenommen und verstanden haben.

Gerade bei Fachliteratur oder bei langatmigen Romanen kommt es nicht eben selten vor, dass sich der Sinn erst nach einigen Abschnitten erschließt. Doch wie kommen Sie hier schneller zum Ziel? Die Lösung ist ganz einfach: Sie müssen schneller lesen!

Daher werden Sie in der nächsten Übung lernen, Ihr Lesetempo allmählich zu steigern.

Ebenso wie eine Schreibkraft, die viele Anschläge pro Minute bewältigt, können Sie den Takt Ihrer Lesegeschwindigkeit erhöhen.

Unterschätzen Sie dabei nicht Ihr Gehirn! Es kann mehr als Sie glauben. Sie wissen ja inzwischen: Sobald die grauen Zellen unterfordert sind, schweifen sie ab. Noch skeptisch? Dann machen Sie gleich die Probe auf's Exempel:

Übung zu Lektion 3

Suchen Sie einen leicht verständlichen Text. Lesen Sie diesen eine Minute lang und zählen Sie dann die Wörter. Wenden Sie dazu am besten die Methode an, mit der Sie anfangs Ihre WpM (Wörter pro Minute) ermittelt haben. Lesen Sie den Text in Ihrem normalen Leserhythmus. Denken Sie daran, Ihre

Führungsspitze als Lesehilfe einzusetzen und versuchen Sie die Rücksprünge (Lektion 1) und den Vorleser (Lektion 2) zu unterbinden. Schreiben Sie sich die Wortanzahl auf.

Haben Sie die Anzahl der Wörter notiert? Gut. Lesen Sie den Text jetzt erneut und versuchen Sie dabei, Ihre Geschwindigkeit um 100 Wörter pro Minute zu erhöhen.

Wiederholen Sie diese Übung und versuchen Sie bei jedem Durchgang, die WpM um 100 zu steigern.

Wiederholen Sie die Übung so lange, bis sich die Anzahl Ihrer WpM verdoppelt hat. Sie sind erstaunt, wie schnell Ihr Gehirn den Text verarbeitet. Aber es kann noch mehr!

Lektion 4: Die Countdown-Methode

In dieser Lektion geht es erneut darum, Ihre Lesegeschwindigkeit zu erhöhen. Sie lernen auch, das Vertrauen in Ihre eigenen Fähigkeiten zu festigen. Mit dieser Übung erhöhen Sie nicht nur Ihre Lesegeschwindigkeit, sondern auch Ihre Konzentrationsfähigkeit. Es handelt sich dabei um eine Standard-Übung, die Sie später mit anderen Methoden kombinieren werden. Für Ihren Lernerfolg ist es daher wichtig, dass Sie diese Countdown Übung gut beherrschen.

Übung zu Lektion 4

Suchen Sie zum Einstieg einen leicht verständlichen Text, zum Beispiel einen Abschnitt aus einem Roman. Lesen Sie den Text fünf Minuten und markieren Sie die

Stelle, bis zu der Sie gekommen sind. Zum Stoppen der Zeit können Sie die Countdown-Funktion Ihres Smartphones verwenden.

Im zweiten Durchgang stellen Sie den Countdown auf drei Minuten. Erhöhen Sie jetzt Ihre Lesegeschwindigkeit so, dass Sie innerhalb dieser Zeit bis zur gleichen Textstelle gelangen wie beim ersten Durchgang. Wenn Sie das Gefühl haben, Sie erfassen den Sinn des Textes nicht richtig, dann vertrauen Sie Ihrem Gehirn.

Geschafft? Dann können Sie die nächste Hürde in Angriff nehmen. Stellen Sie jetzt den Countdown auf eine Minute und versuchen Sie erneut, die markierte Textstelle zu erreichen. Bekommen Sie keinen Schreck. Auch wenn es Ihnen als Ding der Unmöglichkeit erscheint, Sie werden erstaunt sein, wie weit Sie kommen werden.

Mit dieser Übung können Sie Ihr Lesetempo enorm steigern. Ihren Fortschritt können Sie dabei nicht nur anhand der Zeit messen. Lesen Sie den Text erneut und lassen Sie sich dafür drei Minuten Zeit. Sie werden sehen, dass Ihnen diese drei Minuten jetzt sehr lang vorkommen.

Lektion 5: Nutzen Sie Einsparungen

In den vorangegangenen Lektionen haben Sie gelernt, Ihr Lesetempo beträchtlich zu steigern. In dieser Übung geht es um Einsparungen. Dabei werden Sie lernen, Ihr Sehfeld auszuweiten. Wie bereits erwähnt, vermindert das Fokussieren einzelner Wörter die Lesegeschwindigkeit. Ziel dieser Übung ist daher, den Radius Ihres Blickfeldes zu vergrößern.

Für diese Übung müssen Sie einen Text etwas präparieren und ein wenig Basteln: Suchen Sie einen Text, der Ihnen digital vorliegt und setzen Sie ein Wort in Großbuchstaben. Drucken Sie den Text anschließend aus und schneiden Sie sich zwei Papierstreifen, die in der Übung zum Abdecken von Wörtern dienen sollen, zurecht.

Übung 1 zu Lektion 5

Los geht's: Decken Sie jetzt alle Wörter, die sich links und rechts von dem Wort in Großbuchstaben befinden mit den Papierstreifen ab. Nehmen Sie dann Ihre Lesehilfe – also beispielsweise Ihren Bleistift – und fokussieren Sie dieses Wort. Ziehen Sie die Papierstreifen dann langsam beiseite, behalten Sie aber das Wort in Großbuchstaben im Auge. Beobachten Sie, wie viele Wörter Sie rechts und links mit Ihren Augen erfassen können, ohne den Blick von dem fokussierten Wort abzuwenden.

Bei dieser Übung konnten sehen, dass Sie auch die Wörter erfassen können, die sich neben dem fixierten Wort befinden. Eine banale wie wichtige Erkenntnis für das Speed-Reading. Sie versetzt Sie aber in die Lage, Ihre Zeigehilfe flexibler handzuhaben.

Die Zeigehilfe muss nicht am Beginn jeder Zeile angesetzt und auch nicht bis zum Ende der Zeile geführt werden. Ihr Sehfeld ist so groß, dass Sie die Wörter auch ohne Fixierung erfassen können. Bei jeder Zeile können Sie leicht ein oder zwei Zentimeter am Beginn und am Ende jeder Zeile einsparen. Wenn Sie bei jeder Zeile ca. 20% einsparen, kommt bei einer Seite ein kleines Sümmchen zusammen. Bei einem dicken Fachbuch oder bei einem Roman ist dieses Einsparungspotential nicht zu verachten.

Übung 2 zu Lektion 5

Führen Sie die nächste Übung durch, in dem Sie die Zeigehilfe sparsamer einsetzen. Verwenden Sie zuerst einen Text, der Ihnen vertraut ist. Nehmen Sie die Zeigehilfe. Setzen Sie diese etwa einen Zentimeter nach dem

Zeilenbeginn an und setzen Sie sie einen Zentimeter vor Zeilenende ab. Lesen Sie den Text dann in Ihrem gewohnten Lesetempo. Wenn Sie in Ihre alte Lesegewohnheit zurückfallen und die ausgesparten Worte noch nicht ganz erfassen, dann haben Sie Geduld. Alte Gewohnheiten lassen sich nicht abstreifen wie ein alter Mantel.

Lesen Sie den Text erneut und üben Sie anschließend mit einem neuen, Ihnen noch unbekannten Textabschnitt. Führen Sie die Übung weiter durch und trainieren Sie, Ihr Sehfeld allmählich zu erweitern.

Lektion 6: Der Überflieger

Die Schnelllese-Übung in Lektion 4 (Countdown-Methode) haben Sie gemeistert. Sie haben einen Text in fünf Minuten gelesen, dann in drei und zuletzt in einer. Mitunter hatten Sie das Gefühl, Sie würden den Text nur überfliegen und könnten lediglich einen Bruchteil davon verstehen. Das soll sich jetzt ändern. In dieser Übung werden Sie nicht nur realisieren, dass Sie mehr verstanden haben als es den Anschein hat. Sie werden auch lernen, den Sinn eines Textes bei hoher Lesegeschwindigkeit besser zu erfassen.

Übung zu Lektion 6

Suchen Sie einen vergleichbaren Text wie den, den Sie in Übung 4 verwendet haben. Der Inhalt darf Ihnen noch nicht vertraut sein.

Wählen Sie einen Part aus, der so lang ist, wie der, den Sie in Übung 4 bearbeitet haben. Markieren Sie dann diese Länge. Versuchen Sie nun, den Text bis zur Ihrer Markierung binnen einer Minute zu lesen. Stellen Sie dafür den Countdown auf Ihrem Smartphone auf eine Minute. Verwenden Sie Ihre Lesehilfe und achten Sie auch darauf, Einsparungen, die Sie in Lektion 5 geübt haben, vorzunehmen.

Ist es Ihnen gelungen, die Kernpunkte des Textes zu erfassen? Haben Sie relevante Stichpunkte behalten? Oder hatten Sie nach diesem Wettlauf das Gefühl, Sie hätten den Text nur grob überflogen? Das können Sie schnell herausfinden: Notieren Sie die Stichpunkte, die Sie behalten haben, auf einem großen Blatt Papier. Ordnen Sie die einzelnen Gedanken so an, dass Sie diese später noch ergänzen können. Wenn Sie ungefähr wissen, was Sie gerade gelesen haben, dann haben Sie bei dieser Übung besser abgeschnitten als Sie denken.

Stellen Sie den Countdown jetzt auf drei Minuten ein und lesen Sie den gleichen Text erneut. Versuchen Sie so schnell zu lesen, dass Sie Ihre Markierung erreichen. Wenden Sie auch hier wieder alle Methoden an, die Sie bislang gelernt haben.

Nach dem Lesen hat sich bei Ihnen wahrscheinlich ein Aha-Effekt eingestellt, da Sie mehr aus dem Text erfahren konnten als beim ersten Durchgang. Vielleicht haben Sie sich auch an Inhalte erinnert, die Sie überhaupt nicht notiert hatten. Ergänzen Sie jetzt Ihre Notizen.

Für den nächsten Durchgang stellen Sie den Countdown auf fünf Minuten. Versuchen Sie erneut, in einem Tempo zu lesen, sodass Sie nach Ablauf der Zeit die markierte Textstelle erreichen.

Mussten Sie Ihr Tempo innerlich drosseln? Wahrscheinlich ja. Noch interessanter ist die Frage, ob Sie mehr Informationen aus dem Text ziehen konnten als bei drei Minuten? Wenn Sie nicht wesentlich schlauer sind als zuvor, dann haben Sie das Speed-Reading schon sehr gut im Griff.

Lektion 7: Ein Metronom als Taktgeber

Bei dieser Übung werden Sie das Schnell-Lesen verfeinern, in dem Sie einen Taktgeber zur Hilfe nehmen – ein sogenanntes Metronom. Aber keine Bange, Sie müssen dieses Instrument nicht erwerben, sondern können es als App auf Ihr Smartphone laden. Suchen Sie hierfür einfach in Ihrem App-Store nach „Metronom“ und installieren eine dieser Apps. Wahrscheinlich wird es Ihnen nicht ganz leicht fallen, wenn Ihr Lesetempo von einem Gerät, dem Taktgeber, diktiert wird – aber lassen Sie sich überraschen!

Übung zu Lektion 7

Zuerst müssen Sie die Anzahl der Taktschläge ermitteln, die Sie einstellen müssen. Gehen

Sie dabei wie folgt vor: Suchen Sie aus einem leicht verständlichen Buch einen Textabschnitt und zählen Sie die Anzahl der Wörter von fünf Zeilen. Dividieren Sie diese dann durch fünf. Teilen Sie dann Ihre Lesegeschwindigkeit, die Sie zu Beginn ermittelt haben durch die durchschnittliche Anzahl der Wörter pro Zeile.

Zum Beispiel: Lesegeschwindigkeit 300 (WpM) dividiert durch 13 (Wörter pro Zeile) = 23 Taktschläge.

Stellen Sie Ihr Metronom ein und greifen Sie zu Ihrer Lesehilfe. Beginnen Sie mit dem Lesen und versuchen Sie dabei, bei jedem Takt in eine neue Zeile zu wechseln. Bei dieser Übung wird nicht ermittelt, wie viel Text Sie in einer bestimmten Zeit lesen. Ziel ist, dass Sie lernen, im Takt zu lesen.

Sobald Sie sich an den Taktgeber gewöhnt

haben, wiederholen Sie die Übung und erhöhen Sie den Takt um fünf Schläge. Wenn Sie den Rhythmus verinnerlicht haben, dann erhöhen Sie die Taktschläge erneut um fünf Einheiten bis sich Ihre Lesegeschwindigkeit verdoppelt hat. Wenn Sie mit 23 Taktschlägen begonnen haben, dann sollten Sie diese bis auf +/- 45 erhöhen.

Auch wenn Sie das Gefühl haben, Sie würden den Text nicht mehr aufnehmen, machen Sie weiter. Wie Sie in der letzten Übung feststellen konnten, können Sie Ihre Aufnahmefähigkeit der erhöhten Lesegeschwindigkeit langsam anpassen.

Aber Achtung! Legen Sie nach 30 Minuten eine Pause ein, damit sich Ihre Augen erholen können. Wenn Sie sich an den Taktgeber gewöhnt haben, dann wenden Sie ihn beim Lesen von anspruchsvoller Literatur an. Bei sehr komplizierten Texten können Sie die Geschwindigkeit ruhig etwas reduzieren.

Nach dem Sie sich auf den Takt eingestimmt haben, werden Sie feststellen, dass Sie in einem Rhythmus lesen. Und genau das ist das Ziel dieser Übung: Sie sollen einen Leserhythmus entwickeln. Dieser Rhythmus ermöglicht eine gleichmäßige Geschwindigkeit, die sich Vorteilhaft auswirkt. Augen und Führungsspitze laufen im Gleichklang und Ihre Lesegeschwindigkeit bleibt konstant.

Lektion 8: Doppelt lesen

In dieser Lektion werden Sie das periphere Sehen anwenden und ausbauen. Wie Sie festgestellt haben, können Sie Ihren Fokus erweitern und Wörter erfassen, die sich links und rechts von einem fixierten Wort befinden (Lektion 5 – Einsparungen). Diese Fähigkeit werden Sie jetzt auf Zeilen ausweiten, in dem Sie zwei Zeilen gleichzeitig lesen. Das mag sich nach einer großen Herausforderung anhören. Aber Sie benutzen diese Fähigkeit tagtäglich. Wenn Sie ein Veranstaltungsplakat lesen, dann lesen Sie auch nicht Zeile für Zeile, sondern erfassen beispielsweise die Ankündigung der Veranstaltung und den Interpreten, mitunter auch das Datum.

Übung zu Lektion 8

Beginnen Sie diese Übung mit einem einfachen Text in einer für Sie angenehmen Lesegeschwindigkeit. Führen Sie Ihre Lesehilfe unter die zweite Zeile. Lesen Sie den ganzen Textabschnitt, in dem Sie immer eine Zeile überspringen. Folgen Sie nur Ihrer Zeigehilfe und vertrauen Sie auf die Kapazität Ihrer grauen Zellen. Vergessen Sie beim Lesen nicht die Einsparungen am Beginn und am Ende der Zeilen.

Lesen Sie im 10-Minuten-Takt und wechseln Sie dann die Lektüre. Sobald Sie diese Technik beherrschen, können Sie Ihre Lesegeschwindigkeit weiter erhöhen, in dem Sie den Countdown auf drei und dann auf eine Minute reduzieren.

Vielleicht ist es Ihnen bei dem „Höllentempo“ im letzten Durchgang schwer gefallen, zwei

Zeilen gleichzeitig zu erfassen oder Ihre Augen konnten nicht mehr Schritt halten? Eine ganz normale Reaktion. Für diese Technik bedarf es etwas Training. Achten Sie beim Üben aber darauf, dass Sie die hohe Lesegeschwindigkeit und den eingeübten Leserhythmus beibehalten. Wenn Sie aus dem Takt geraten, dann nehmen Sie Ihr Metronom zu Hilfe.

Wenn Sie das Lesen einfacher Texte mit dieser Methode meistern, können Sie zu stärkerer Kost übergehen. Nehmen Sie ein Fachbuch oder einen anspruchsvolleren Text dessen Inhalt Ihnen noch verschlossen ist. Beginnen Sie auch hier langsam. Lesen Sie fünf Minuten und markieren Sie anschließend die Textstelle, bis zu der Sie gekommen sind. Wenden Sie dann die Countdown-Methode an und steigern Sie Ihre Lesegeschwindigkeit.

Lektion 9: Legen Sie den Rückwärtsgang ein

Jetzt werden Sie den Rückwärtsgang einlegen. Im Klartext bedeutet das: Sie lesen eine Zeile vorwärts, die andere Zeile rückwärts. Klingt bizarr, aber es funktioniert. Das Rückwärtslesen ist eine wichtige Methode des Speed-Readings. Wenn Sie die Sinnfrage stellen: Es geht auch hier um Zeitersparnis.

Beim Lesen wandern Ihre Augen vom Zeilenanfang zum Zeilenende und dann springen Sie quer über die Seite zum Beginn der nächsten Zeile. Das kostet Zeit! Wenn bei einer Zeile eine Sekunde Zeit verloren geht, dann summiert sich das bei einem Buch beträchtlich.

Übung zu Lektion 9

Greifen Sie jetzt zu einem Text mit relativ kurzen Zeilen, z. B. Einer Zeitschrift. Vergessen Sie bei dieser neuen Technik nicht, die bereits erlernten Methoden anzuwenden: Verwenden Sie die Lesehilfe und denken Sie an die Einsparungen am Zeilenanfang- und Ende. Achten Sie auch auf Rhythmus und Geschwindigkeit.

Anstatt am Ende der Zeile zum Anfang der nächsten zu gleiten, platzieren Sie Ihre Lesehilfe ein Stück weiter nach unten und lesen Sie die Zeile „rückwärts“. Wenn Sie den Überblick verlieren, dann können Sie anfangs nach zwei Zeilen stoppen und neu ansetzen.

Üben Sie 10 Minuten in einem für Sie angenehmen Rhythmus und wiederholen Sie die Übung mehrfach, bis Sie diese Methode beherrschen. Sobald Sie diese Technik verinnerlicht haben, dann können Sie die Übung mit einem anspruchsvollen Text durchführen. Damit Sie Ihr Geschwindigkeitslevel auch bei dieser Methode beibehalten, wenden Sie wieder die Countdown-Methode an.

Lektion 10: Schleifentechnik

Diese Technik zählt zur Königsklasse. Sie verwenden dabei die Techniken des Zeilensprunges und des Rückwärtslesens an. Diese beiden Methoden werden zu einer Schleifentechnik kombiniert.

Da diese Methode in der Tat nicht zu den leichtesten zählt, dürfen Sie nicht gleich das Handtuch werfen. Vielleicht erinnern Sie sich, als Sie mit dem Speed-Reading begonnen haben? Bei der einen oder anderen Übung haben Sie mitunter gezweifelt, ob Sie diese bewältigen können. Inzwischen wird das eine „leichte Übung“ für Sie sein. Verzagen Sie daher nicht.

Zur Unterstützung können Sie das Metronom verwenden. Stellen Sie den Takt aber zu Beginn auf eine moderate Geschwindigkeit ein. Sobald Sie sich sicherer fühlen, können Sie das Tempo erhöhen.

Übung zu Lektion 10

Nehmen Sie einem leicht verständlichen Text, der Ihnen noch nicht bekannt ist. Lesen Sie ca. 10 Minuten mit der Schleifentechnik: Setzen Sie dafür mit Ihrer Führungsspitze in der zweiten Zeile an und gleiten Sie dann hinunter in die übernächste Zeile. Das bedeutet, Sie beginnen in Zeile zwei, gleiten hinunter in Zeile vier und lesen diese Rückwärts. Wenn Sie den Beginn der vierten Zeile erreicht haben, gleiten Sie hinunter zum Beginn der Zeile sechs usw. Lesen Sie so, als würden Sie ein „Z“ zeichnen. Vergessen Sie dabei nicht, die Einsparungen am Beginn und der Zeilen.

Damit Sie ein Feedback erhalten, können Sie notieren, was Ihnen vom Inhalt des Textes in Erinnerung geblieben ist.

Lesen Sie den Text dann erneut und editieren Sie ggf. Ihre Notizen. Üben Sie diese Technik und erhöhen Sie dabei allmählich Ihre Geschwindigkeit. Sobald Sie sich mit dieser Methode angefreundet haben, können Sie diese bei einer anspruchsvolleren Lektüre anwenden. Üben Sie ein paar Tage, bis Sie die Schleifentechnik verinnerlicht haben.

Wenn Sie diese Methode beherrschen und anhand Ihrer Notizen feststellen, dass Sie den Inhalt des Textes gut erfassen, können Sie Ihre Lesegeschwindigkeit steigern. Verwenden Sie dafür wieder die Countdown-Methode.

Sobald Sie die neue Lesevariante verinnerlicht haben und sehr gut beherrschen, können Sie die Schleifentechnik optimieren und größere Schleifen binden. Anstatt zwei Zeilen zu überspringen, überwinden Sie gleich vier bis fünf: Sie starten in Zeile zwei und lesen diese. Dann wandern Sie quer über den Abschnitt zum Anfang der Zeile sieben und lesen diese bis zum Ende. Von hier aus gleiten Sie an den Anfang der Zeile neun. Denken Sie aber trotz der Schleifen daran, die Einsparungen vorzunehmen. Mit dieser Schnell-Lesetechnik haben Sie den Olymp des Speed-Reading erreicht und Sie sind in der Lage, einen Text sehr schnell zu erfassen.

Tipps und Tricks, um Gewohnheiten aufzubauen

Mit dem Speed-Reading verhält es sich wie beim Sport: Sobald Sie eine längere Pause einlegen, kommen Sie aus der Übung. Legen Sie daher öfter eine Trainingseinheit ein. Um Ihr Niveau zu halten oder sogar zu steigern, eignet sich die Countdown-Methode (Lektion 4) besonders gut. Notieren Sie dabei auch die Anzahl der Wörter. Damit bleiben Sie in Übung und Sie erhalten ein Feedback über Ihre Lesegeschwindigkeit. Achten Sie auch darauf, dass sich Ihr Vorleser nicht wieder bei Ihnen einschleicht. Lauschen Sie beim Lesen in sich hinein und zeigen Sie ihm gegebenenfalls die rote Karte.

Damit Ihnen das Speed-Reading zur zweiten Natur wird, sollten Sie einige Methoden in Ihren Alltag einbinden.

Die Verwendung einer Lesehilfe sollte zu Ihrer Gewohnheit werden. So optimieren und vergrößern Sie permanent Ihr Sehfeld. Das Rückwärtslesen oder die Schleifentechnik können Sie sehr gut beim Lesen einer Tageszeitung oder Zeitschrift anwenden. Für das entspannte Lesen im privaten Bereich, genügt es, wenn Sie die Lektionen 1-7 beherrschen. Diejenigen, die sich viel Fachwissen aneignen müssen oder einfach Freude am Schnell-Lesen haben, sollten ab und an die fortgeschrittenen Übungen der Lektionen 8-10 trainieren.

Die Leseumgebung optimieren

Dem Arbeitsplatz kommt beim Lesen eine entscheidende Bedeutung zu, denn der Mensch reagiert sehr stark auf seine Umwelt. Die Umgebung, in der Sie Ihr Buch aufschlagen ist daher nicht ohne Relevanz und hat Einfluss auf Ihre Lesegeschwindigkeit.

Das Lesen von Fachliteratur bei Kerzenlicht mag recht heimelig sein - aber effizient ist anders. Fachliteratur sollten Sie an einem Schreibtisch lesen. Und: Vorher aufräumen. Ihr Blick sollte auf den Text gerichtet sein und nicht auf den Krimskrams drumherum. Sie müssen es dabei aber nicht übertreiben. Wichtig ist der Wohlfühlfaktor. Sorgen Sie auch für eine gute Lichtquelle. Optimal ist es, wenn das Licht von oben auf den Text leuchtet. Das verhindert einen irritierenden Schattenwurf. Eine Blümchentischdecke ist auch keine gute Idee... Eine Unterlage mit "wildem Muster" lenkt ab.

Achten Sie auch darauf, dass Sie auf ihrem Stuhl bequem sitzen können. Wenn Sie einen Lese-Marathon vor sich haben, sollten Sie den Stuhl ab und an gegen einen anderen austauschen. Machen Sie auch kleine Lockerungsübungen gegen Verspannungen.

Beugen Sie Unterbrechungen vor und weisen Sie gegebenenfalls Ihre Mitbewohner daraufhin, dass Sie nicht gestört werden möchten. Ablenkende Geräusche wie Musik oder das Smartphone sollten Sie ebenfalls ausschalten – auch wenn es schwer fällt. Bei Störgeräuschen kommen Sie aus dem Takt oder Sie verlieren den Faden. Und Sie wissen ja inzwischen: Das kostet Zeit.
Wenn Sie sehr viel Lesestoff bewältigen müssen, sollten Sie Pausen einlegen. Selbst

als routinierter Schnellleser werden Ihre Augen nach einiger Zeit ermüden. Widmen Sie sich in der Pause anderen Dingen. Wichtig ist, dass Sie abschalten damit Ihre Augen entspannen können.

Fazit: Das ermöglicht Ihnen Speed Reading

Das Speed-Reading bietet Ihnen viele Vorteile. Sie können Informationen nicht nur schneller aufnehmen, sondern Sie sind auch in der Lage, mehrere Texte parallel zu lesen. Da Sie mit dem Schnell-Lesen viel mehr Informationen aufnehmen, wird zudem auch Ihr Wortschatz vergrößert. Damit erweitern Sie Ihr Fachwissen und Ihre Allgemeinbildung, was Ihnen im Studium oder im Beruf viele Vorteile verschafft. So können Sie umfangreiches Basis- und Fachwissen sammeln. Am Arbeitsplatz können Sie mit Fachkompetenz brillieren und sind immer auf dem neusten Stand.

Wenn Sie berufstätig sind, können Sie die eingesparte Zeit nutzen, um sich zu qualifizieren und eine Weiterbildung in Angriff nehmen. Als Student können Sie mehr Vorlesungen und Seminare besuchen, sich besser auf Prüfungen vorbereiten und das Studium schneller abschließen. Im privaten Bereich haben Sie mehr Zeit zum Schmökern oder für Ihre Hobbys. Die gewonnene Zeit können Sie auch für die schönen Dinge des Alltags verwenden und mehr Zeit mit Freunden und der Familie verbringen.

Ich wünsche Ihnen alles erdenklich Gute und viel Freude mit dem Erlernten,

Ihr Tim Winter (der Ihnen für eine Rezension zu diesem kleinen Ratgeber sehr dankbar wäre)

Über den Autor

Tim Winter ist Schriftsteller, Lebenstrainer, Speaker und liebevoller Familienvater zweier Kinder. Mit voller Leidenschaft und Hingabe hat er Hunderte in den Bereichen Mentaltraining, Gesundheit und Persönlichkeitsentwicklung geschult.

Er hat es sich zum Lebensziel gemacht, so vielen Leuten wie möglich bei der Erreichung ihrer Ziele zu unterstützen und ihnen bei ihren Problemen zu helfen.

In seiner Freizeit verbringt er viel Zeit mit seiner wundervollen Familie und findet seinen sportlichen Ausgleich beim Radfahren und Schwimmen. Zudem erfreut er sich an tollen Büchern und täglicher Meditation.

Vieles hat er in seinem Leben erlebt, doch nie

vergessen, zu lernen und persönlich zu wachsen.

Rechtliches und Impressum

Ich bin stets bemüht, alle Informationen und Angaben in diesem Buch korrekt und auf dem neusten Stand zu halten. Leider ist es trotzdem nie vollkommen ausgeschlossen, dass Fehler und Unklarheiten entstehen. Aus dem Grund übernehme ich keine Gewähr für Aktualität, Richtigkeit, Qualität und Vollständigkeit dieses Werkes. Für Schäden, die durch die (Nicht-) Nutzung dieser Informationen, sowohl mittel- als auch unmittelbar entstehen, hafte ich nicht. Für Hinweise auf Fehler oder Unklarheiten bin ich Ihnen sehr dankbar.

Tim Winter wird vertreten und unterstützt durch

Torben Gebbert
An der Burgstelle 35

28197 Bremen

timwinterautor@gmail.com

39193912R00036

Printed in Poland
by Amazon Fulfillment
Poland Sp. z o.o., Wrocław